Gabriela Zimmer

Para nunca se sentir só

Ilustrações Hannah Ribeiro

© Gabriela Zimmer

Revisão: Wagner Cinelli de Paula Freitas
Capa e projeto gráfico: Gabintete de Artes
Ilustrações de capa e miolo: Hannah Ribeiro

Adequado ao novo acordo ortográfico da língua portuguesa

CIP-BRASIL. CATALOGAÇÃO NA PUBLICAÇÃO
SINDICATO NACIONAL DOS EDITORES DE LIVROS, RJ

Zimmer, Gabriela

Z66p

Para nunca se sentir só / Gabriela Zimmer. - 1. ed. - Rio de Janeiro : Gryphus,

2020.

44 p. ; 21 cm.
ISBN 978-65-86061-02-4
1. Poesia brasileira. I. Título.

20-63904   CDD: 869.1
        CDU: 82-1(81)

Meri Gleice Rodrigues de Souza - Bibliotecária CRB-7/6439
09/04/2020 13/04/2020

Gryphus Editora
Rua Major Rubens Vaz, 456 - Gávea - 22470-070
Rio de Janeiro - RJ - Tel: +55 21 2533-2508
www.gryphus.com.br
E-mail: gryphus@gryphus.com.br

Sumário

Prefácio	7
Dedicatória	11
Apresentação	13
● Metapoesia	15
A louca	17
Medo	19
Pensamentos absurdos	21
Feiticeira	23
Palavras	25
O artista	27
● A sociedade grita	29
A bailarina	31
A nobreza dança	33
Metrópoles	35
Cor da lua	37
Dói	39
● Natureza humana?	41
As salas	43
Acorda, Rio!	45
Voz que escorre	47
Melodia	49
Mundo	51

- **Devaneios** 53
  - O último planeta 55
  - A carta 57
  - O Jardim das Flores 59
  - A teoria da gravidade 61
  - O anel, a roda e o chão 63
  - Choro contido 65

- **A Lua e seus reflexos, A Rosa e suas pétalas** 67
  - Lua 69
  - Pétalas e vestidos 71
  - A Lua e nós, nós e a Lua 73
  - O cravo da rosa 75

- **Philopoética** 77
  - Vida 79
  - Liberdade 81
  - A jovem e a senhora 83
  - Anjo caído 85
  - Tempo, tempo, tempo 87
  - Concomitância 91

Despedida 93

Prefácio

Poesia é a arte de tirar o tapete, deixar o leitor como se flutuasse apenas com as asas das palavras, desnorteado, sem saber aonde vai parar aquele voo inesperado. Aconteceu comigo, uma sensação boa de vertigem, quando li o primeiro verso do primeiro poema deste primeiro livro de Gabriela Zimmer.

"Tudo começou quando me chamaram de louca", diz o verso inicial da jovem poeta e é impossível que os arquivos trancafiados na cabeça do leitor não tratem imediatamente de revirar páginas da memória, soltar folhas e buscar de onde ressoam sentimentos parecidos. Quem foi que disse? De onde é mesmo essa pedra de toque da poesia brasileira?

Eu pensei imediatamente no primeiro verso do primeiro livro de Drummond, aquele do "quando eu nasci/um anjo torto/desses que vivem na sombra/disse: 'Vai, Carlos/ser gauche na vida".

Tive a sensação de que o anjo de Drummond era o mesmo de Gabriela, agora com a ordem em português claríssimo de, vai Gabi, ser louca onde você quiser.

Eu pensei também em Adélia Prado, a poeta mineira descoberta por Drummond, que escreveu "Dona Doida". Não porque Gabriela divulgava a alcunha de "louca" e Adélia, a de "doida". Havia um coloquialismo feminino no verso das duas, uma dicção de sinceridade e fuga à ostentação intelectual que só as mulheres muito seguras são capazes. É a poesia quando parece uma manifestação de existência verdadeira, não um brilho exibicionista de técnica.

Eu adoro Adélia Prado. "Estou no começo do meu desespero e só vejo dois caminhos: ou viro doida ou santa". Ela também escreveu: "Mulher é desdobrável/Eu sou".

Por todas essas associações, eu estava começando a gostar

de Gabriela já na primeira linha. Achava apressado, cedo ainda para me declarar em definitivo, quando vi o segundo verso. Nele, Gabriela mostrava as unhas pintadas do humor – "(louca) um apelido até de certa forma carinhoso". Foi aí. Eu já podia abrir o teclado do laptop e procurar algumas palavras, estas que aqui vão, e dizer que, sim, temos nova poeta na praça.

"Poesia é a descoberta das coisas que não vivi", escreveu Oswald de Andrade no seu "Primeiro caderno do aluno de poesia" – e a lembrança desse verso também me apareceu no radar das aproximações felizes a partir da poesia da jovem Gabriela. É uma das delícias de quando te tiram o tapete. Você não sabe direito o que deixou sua imaginação no ar. A memória vai juntando uma coisa com a outra, viajando sem GPS por sensações inesperadas.

O que quer e o que pode a poesia?

Gabriela Zimmer não está interessada em responder qualquer pergunta, certa de que o trabalho que tem pela frente não é esse, mas justo o seu avesso. Inventar dúvidas. Desassossegar os espíritos. Gosto especialmente dos versos em que ela define esse projeto: "E para que necessita sentido/Se o que busca é emoção?". Gosto mais ainda de ela ter dado a este poema o título de "Concomitância". É uma dessas palavras deliciosas, jujubas de muitas sílabas, e só os que gostam de ler e escrever são capazes de se enamorar do prazer de escandi-las lentamente. Dormimos com elas, de conchinha.

Eu poderia falar mais, realçar os elementos da feminilidade no texto de Gabriela, as suas pétalas, anéis, luas e vestidos espalhados com delicadeza pelo livro. Elogiar a sensibilidade dos temas, destacar a naturalidade dos versos. Destacar a sacada de botar o título de "Para nunca se sentir só" numa coleção de poemas que, longe de ser dramática, tem como ponto final a revelação de que a solidão é uma alucinação, "há vida em todos os lugares". Um desses lugares, eu concluo, é o exercício da poesia, um dos desafios de ser livre e mergulhar "com todo o corpo no oceano".

Gabriela Zimmer tem um longo caminho pela frente e não me perguntem se ela vai ser louca, doida ou gauche. Poeta ela já é. Disso, estamos em concomitância.

Para você

Apresentação

Uma poeta aprende
a viver com a solidão.
E, assim, transforma seus
pensamentos em companhia.

Metapoesia

A louca

Tudo começou quando me chamaram de louca.
Um apelido até carinhoso, de certa forma.

Louca por pensar.
Pensar que ao chorar,
minhas lágrimas seriam mel.
Meus pensamentos, verdades.
Minhas verdades, delirantes.

Pensamentos são apenas promessas.
Alguns nunca sairão de nossa mente,
por obsoletos ou irrealistas.
Outros fugirão da cabeça para o papel.
E, os mais ousados, do papel para a vida.

Ao escrever,
deixo minhas ideias livres para seguirem seus caminhos.

Podem ir para becos,
se embebedar em bares,
morrer atropeladas,
ir para universidades
ou rodas de conversa.

Mas todas esperam,
um dia esperam,
virarem verdades nas estantes.
Pois só assim,
poderão ser loucura nas ruas dessa gente.

Medo

Tinha medo!

Medo de abrir a escrivaninha e segurar,
com força,
meu lápis desgastado.

Medo de encostar a ponta do lápis
no papel amassado.

Medo de minhas ideias virarem insulto,
e de me agredirem por meus devaneios.

Medo de agressões sem corpo.

Medo de minha raiva vir a ser polêmica.
E de meu amor virar traição.

Medo de amar meus personagens.
E de me zangar com os problemas deles.

Tive medo!

Cada pincelada era uma dádiva.
Eu não queria perdê-las.
Tampouco gastá-las.

Queria segurar o lápis e parar o mundo.
Parar
bem no momento de êxtase
entre o sorriso em minha face e a folha de papel.

Como tenho pavor da escassez,
nunca mais ter um pingo de criação.

Pavor de perder meu dom e levar comigo
apenas os anos escolares de pouca atenção.

Professora, acabou.
Sem receio no coração.

Tive medo,
mas, como tudo e todos são incertezas,
eu sou assim.

Tive medo!
Passado.

Tenho medo!
Presente.

Terei medo!
Futuro.

Não um medo qualquer,
um medo diferente.
Medo de medo.
De ter medo,
de perder o que escrevo
ou nunca chegar a escrever o que penso.

Meu medo não é mais medo.
Meu medo virou viver.
E vivendo vivo assim.

Pensamentos absurdos

As palavras me consomem
quando não escritas
e perfuram meu corpo
à procura de saída.

Quando começo a sangrar,
de pouco em pouco,
tenho que me libertar,
senão essa maldição me toma
e me leva para o julgamento.

Quando a noite cai,
posso fugir para meu mundo
sem ninguém me observar.
Uma mera poeta tentando,
além de se salvar,
ascender ao seu apogeu,

pois é em meio à loucura da salvação
que me ocorrem os pensamentos mais absurdos.

Feiticeira

A poeta escreve
translúcidas palavras.

Apresenta a alma humana
e suas vaidades.

Os espíritos incomodados
fogem dos salões
com medo de serem chamados.

A palavra palavra vira outra palavra,
enquanto o vento não mais sopra,
uiva.

A lua não ilumina,
ama.

As flores não nascem,
despertam.

Desperta o amor pelas palavras que uivam em nossos ouvidos:
És tu, poeta, a nos hipnotizar?

Pelas estradas vou seguindo,
como uma feiticeira na floresta,
procurando nos olhos de todos
a chama para mais um poema.

Palavras

Palavras
que explicam palavras
para pessoas que procuram
palavras
para se expressarem.

Sem as palavras,
não teríamos voz.
Sem voz,
não teríamos palavras.

As palavras se juntam em
estranhas frases
para tomarem um significado
além do dicionário.

Alguma vez ouviu uma palavra,
que de tão teatral ou divina,
tomou outro sentido?

Palavras sem corpo,
sem cabeça,
soltas pelos ares
de quem procura comunicar
uma mensagem astral.

Alguém poderia me dizer,
por favor,
o nome de quem inventou
elas?

As palavras.

O artista

E no fim,
no fim de tudo,
feliz é o artista.

Que não se envenena,
mas canta a si próprio
em versos ou não.

Talvez,
encene suas humildes paixões
em choros teatrais.

Quem sabe,
transforme o vazio
em pinturas extraordinárias.

Se o mesmo alguém for descaso,
ele poderá ser
– ainda que por acaso –
artista de rua.

Feliz é o artista.

A sociedade grita

A bailarina

Palavras nódoas
dentre estantes,
armários,
corações

batidas carregadas pelos ventos,
para chegar aos ouvidos antes
das vozes.

Espera, cuidado!

Na rua,
na casa,
no quarto...
a vitrola, senhor!

Pega a vitrola.

Disco rodando,
rodando aos compassos do mundo.
Rápido, muito rápida

a bailarina girando na avenida
sem plateia,
hoje é domingo.

Cai, quebra,
roda que não gira,
peão sem corda,
terra sem rotação!

No silêncio desse desespero,
o coração continua batendo
cada
vez
mais
rápido.

O show vai começar!

A nobreza dança

As cartas nunca enviadas
para a guerra insensata.

Nomeie uma que assim não foi...
insensata!

As cartas nunca foram enviadas,
pois nunca deveria chegar
aos ouvidos dos soldados
que a pátria amada
os traiu
e que dança com o inimigo
sob o teto de Versailles.

O que importa é mantê-los entretidos, não é?

Enquanto o sangue fugir do corpo gritando socorro
e os outros sentarem em tronos dourados e vermelhos,
a vida segue normal.

A carta chega depois de o mundo acabar.

Metrópoles

Eu nunca tive férias
e as olheiras se acumulam
como o lixo que a cidade descarta
sobre meus ombros.

Eu faço parte daqueles.
Os que se alimentam dos restos
da sociedade.
Tudo por instinto de sobrevivência.

É meu!

Cor da lua

Prata jazia o barco no rio.

Enquanto dos olhos da menina escorriam
as águas
inundavam cidades perdidas.

Eu já não lhe disse?
Já não disse que o rio flui,
a água foge,
a menina chora?

Já não disse
que a cidade
já não era cidade
muito antes de ser destruída?

A vida que ali vive,
no leito do rio,
nada mais é
do que o cinza da lua
fantasiado de prata.

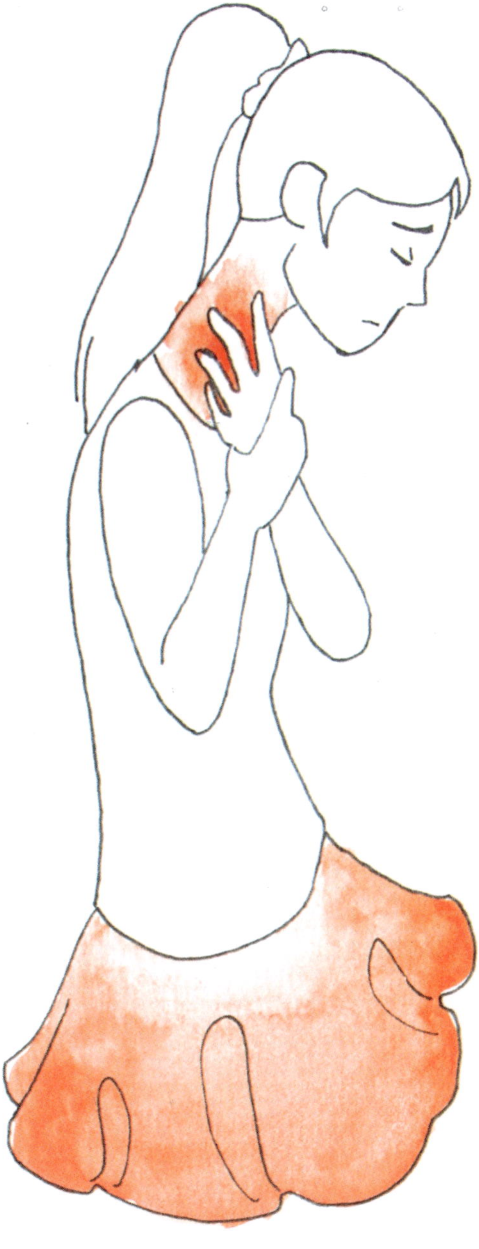

Dói

Tô falando a mentira que engulo
todo dia,
garganta abaixo.
Dói!

Ela desce,
queima,
vive
na minha vida.

De tão bêbada
já não disfarça,
nem ao menos disfarça,
que não é

verdade

que de tanto me faltar
se matou
na minha frente
sob a Guanabara.

A verdade!

Natureza humana?

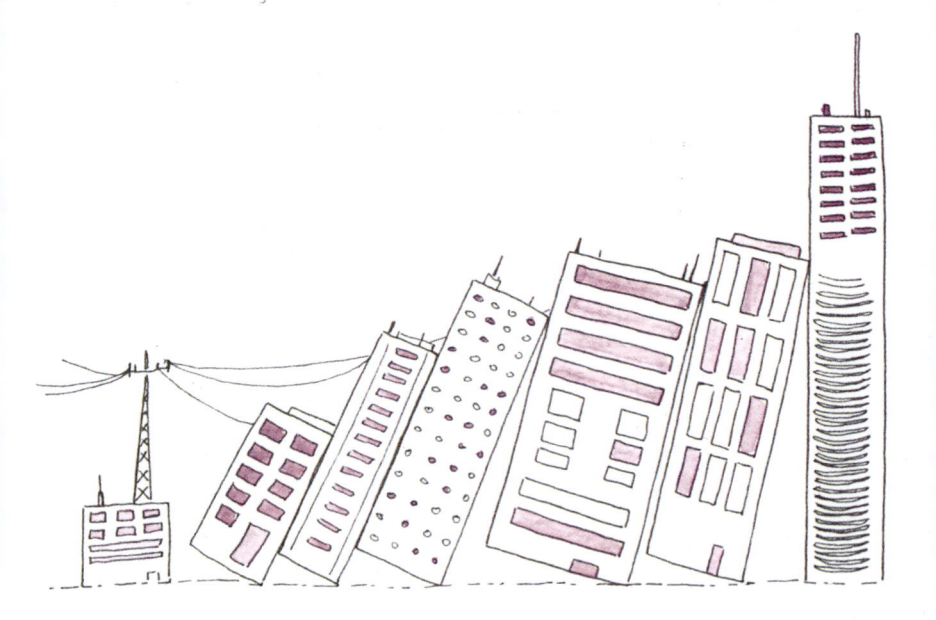

As salas

O homem,
magnífico homem,
ergueu prédios,
sobre prédios,
ao lado de prédios,
para outros homens.

O homem,
espetacular homem,
extraiu minério,
de Minas Gerias,
para decorar as salas
dos negociantes
de minério.

Acorda, Rio!

Acorda, Rio,
janeiro ficou para trás.

Acorda, Rio,
não aguentamos mais!

É tanta árvore sem folha,
tanto ar sem oxigênio!

Dormimos segunda de manhã,
esquecemos de ir ao trabalho,
estamos perdendo a hora,
e nada de acordar!

Aiii, Rio, se a gente não acordar,
acho que ficamos assim:
sem comida,
sem argumento,
sem vida.

Já te falaram, Rio,
que ainda dá tempo de chegar ao trabalho
se acordarmos bem depressa?

Dá tempo de voltar
nesse louco tempo
até aquela mata antes do Janeiro, Rio,
aquele de 1500.

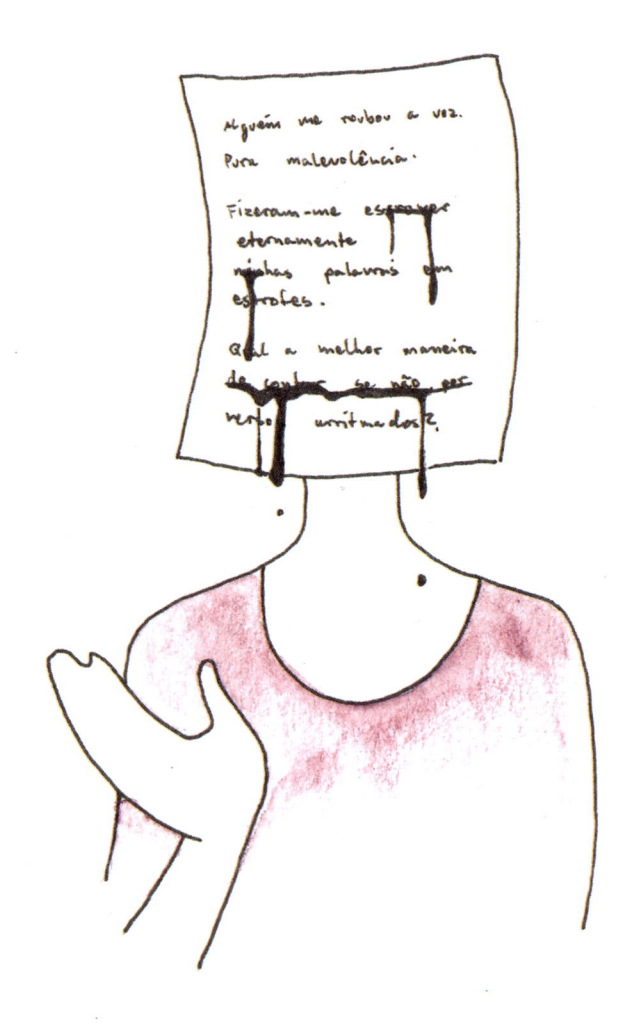

Alguém me roubou a voz.
Pura malevolência.

Fizeram-me escrever
eternamente
minhas palavras em
estrofes.

Qual a melhor maneira
de contar se não por
verso unrítmados?

Voz que escorre

Alguém me roubou a voz.
Pura malevolência.

Fizeram-me escrever
eternamente
minhas palavras em estrofes.

Qual a melhor maneira de contar
se não por versos
(ar)ritmados?

Te contar que o mar,
que espelha o céu,
não é mais azul.

E a árvore,
que me concedeu ar,
virou armário.

A vista da cobertura do apartamento de Copacabana
é deserto
de cimento.

Ai, a minha voz!
Transformou-se em tinta
que escorre do papel
para as cabeças.

Melodia

Melodia de cetim
que amacia meus ouvidos
cansados de tanta
revolução

e gritos das
máquinas desumanas,
cítricas.

Melodia que me acorda
para a vida
e dita minhas conquistas
nesse mundo.

Que bonita a melodia,
que fazem as pessoas
quando se levantam e reivindicam.

E os metais param,
as fábricas fecham,
o abuso acaba,
o cachorro foge.

Agora eu vejo,
lá na frente,
a esperança.

Saio pela rua cantando
a mais doce das melodias
já cantadas pelo homem...
ou pela máquina.

Mundo

O mundo,
mundo embriagado,
corre atrás dos pecados.
O mundo
teme nunca mais ser amado.

As pessoas,
pessoas enlouquecidas,
giram em torno do mundo
que corre atrás dos pecados...
das pessoas.

Devaneios

O último planeta

Eu senti o frio do mar queimar minha pele cálida.
Vi a lua clarear a noite
e o sol cegar a manhã.

As tardes, antigas como os versos
cantados nas núpcias de Helena
antes de anunciarem a guerra de Tróia.

Páris!

Esvaziaram os corredores do salão
de todas as tolices da época.
Restando apenas o piso de mármore,
que dali se negava sair.

Da sala dourada de Midas
fugiu um touro furioso
que caiu do penhasco na água.

E alguém diz:

Frio é o mar
queimando minha pele ardente.
Noite e luar,
manhã de sol e tridente

de Possêidon!

Cujo nome esqueceu e mandou fazer um
sob encomenda.
Restando-nos Netuno,
o último planeta.

A carta

E se as cartas enviadas durante a guerra
nunca chegassem?

Os amantes desfalecidos
gritam dos porões:
liberdade!

As histórias inventadas
sobre o cavaleiro de armadura
que vence um dragão
apenas com a espada.

E um amor
como o de Romeu,
que recitou para Julieta
seus delírios poéticos.

A carta chega!
Molhada.
Rasgada.
O homem morreu,

mas as promessas pairam no ar.
O eu te amo
perdido na guerra.

O Jardim das Flores

Pela alma que habita meu frágil corpo,
não me deixe
                               sozinha.

Se bem que desconfio
que gosto da
                               solidão.

Talvez, goste de estar sozinha no fim do dia.
E fazer companhia a mim mesma,
                               só.

Pelos princípios que regem minha vida,
vá e vire vampiro!

Acorde apenas em noites frias,
visite-me com um dom charmoso.

Rasgue minha carne com seus dentes afiados!
Deixe-me renascer
em seu jardim florido.

Onde rosas e margaridas se esquecem do inverno
e desabrocham no frio como botões na primavera.

Onde o sol escalda todo dia ao meio-dia
e se acanha ao ver a noite chegar.

Onde o ar que respiro
é o perfume do jardim.

Por favor, deixe-me renascer aí!
Onde lágrimas regam vidas.

No jardim não existe

                        solidão!

A teoria da gravidade

A criança de branco brincava
na noite de lua cheia
quando o lobisomem uivou
chamando o vampiro.

O vampiro, que acordava,
lixou bem os caninos e respondeu ao lobisomem
com um agudo infernal.

O vampiro e o lobisomem
se encontraram meia-noite
debaixo da macieira.

Teriam atacado a menina
que brincava à noite
se não fosse por Newton e suas malditas maçãs.

O anel, a roda e o chão

O anel entrou perfeitamente no dedo.
Dedinho que era,
ele entrou
perfeitamente.

A roda girou rápido
por ser uma roda e saber girar
mais rápido que o tempo
que um copo de vidro precisa
para quebrar.

O chão desabou completamente
quando o terremoto mandou.
E o chão, meu coitado chão,
era de mármore, senhor!

Choro contido

De tanto puxar a corda, caí no abismo sem fim.
De tão sem fim que caía, lembrei que deixara a torneira aberta.
De tão aberta que estava a torneira, o abismo virou mar.
De tantas lágrimas que nadei, um dia aprendi a chorar.

Chorei pela corda,
pelo dia e pelo mar.
Chorei por todos e por nós.
De tanto chorar continuo a soluçar.

Soluço um choro silencioso e vazio
para ninguém me escutar.
Não escutar o choro
de alguém que nunca deveria chorar.

A Lua e seus reflexos,
A Rosa e suas pétalas

Lua

Lua, grite teus pecados!
Jogue-os no mar,
faça as ondas rirem
e apagaram teus

pensamentos absurdos,
amores perdidos,
sol esquecido.
Só, mas contigo.

Minhas canções de marujo,
embriagado de sal
e águas escuras.

Cantei minha última canção
quando você,
Lua,
iluminou meu último mar.

Pétalas e vestidos

Eram de rosas as pétalas
que caiam do vaso.
Eram de cetim os vestidos
por mim bordados.
Eram de amor os poemas
que escrevi.

Sobre como a Lua um dia amou o Sol
ou
sobre a primavera nascendo das cinzas do inverno
ou
coisas desse tipo.

Mas,
as pétalas estão para encostar no chão,
os vestidos estão para serem rasgados,
os poemas estão para serem lidos
e eu estou para acordar.

E não é que as flores desabrocharam hoje?

A Lua e nós, nós e a Lua

Não, o homem não foi.
Se não foi à Lua,
então para onde foi
o homem?

A Lua não é
distante.
A Lua é aqui,
o reflexo nas águas.

É o rosto
da princesa cinzenta.

É o sorriso
do girassol mais cansado.

É aquele pontinho embriagado
perdido no céu.
Dia e noite ali,
sozinha.

Se não sozinha,
conosco.
Se conosco,
juntos.

Juntos vemos a Lua iluminar mais uma noite.

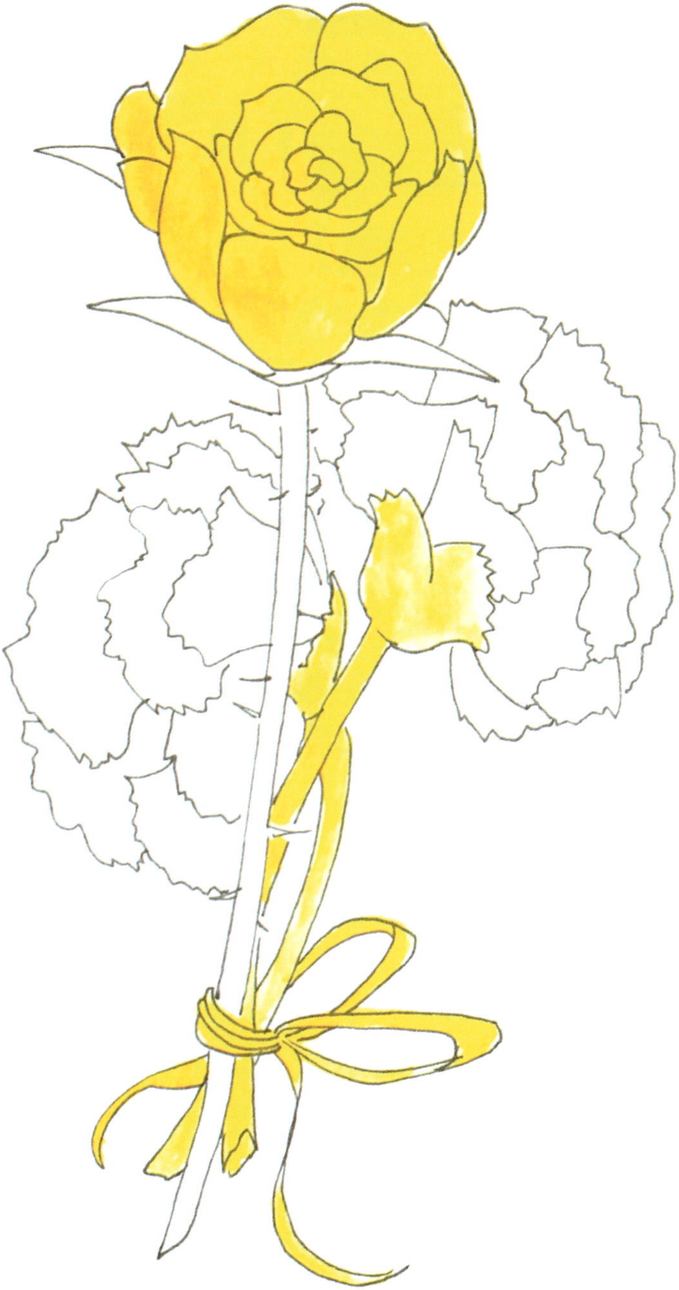

O cravo da rosa

A rosa que vesti no cabelo
perdeu os espinhos
convivendo
com a paz.

Joguei-a do oitavo andar
em direção ao mar
exatamente à meia-noite.
Ela caiu em 2020.

As ondas trouxeram-na para a praia
onde eu tomava caldo
de raios de sol.

A flor, agora cansada,
volta para o cabelo
onde ela enfeita
todo o meu ser
com seu perfume
de cravo.

Philopoética

Vida

Deus, por que me fez mortal?

Deu-me corpo
para sangrar nas batalhas travadas
por cegos
homens.

Deu-me pele
para ser julgada
por outros
irmãos.

Deu-me desejos humanos
de carne e suor
desses outros
povos.

Se queria um mundo livre,
por que me fez efêmero?
Deus, por que me fez mortal,
se me podia eterno?

O tempo que me resta
como passageiro
pouco paga minhas
dívidas
por ignorância.

As minhas memórias morrerão
na terra em que lutei
e terão de ser reconstruídas
as ideologias
em um novo fruto cíclico.

Deus, por que a vida é humana e nós animais?

Liberdade

Nunca percebi como amo liberdade.
Aquela brisa que arde,
queimando tudo à volta,
provocando as bocas.

Cálidas palavras em russo
para ninguém entender.
Elas gritam,
não só gritam

mas gritam para mim.
Me acordam,
me seduzem.
E eu? Me liberto?

Dessas correntes enferrujadas.
São elas!
Antigas correntes enferrujadas
que me prendem ao abismo do nunca.

Nunca poder voar,
nunca poder amar,
nunca me libertar.

O que é liberdade afinal?
Correntes quebradas?
Amores reais?
Asas magníficas?

Ou apenas a verdade,
fria, direta, muda
verdade?
Me chamando para dançar.

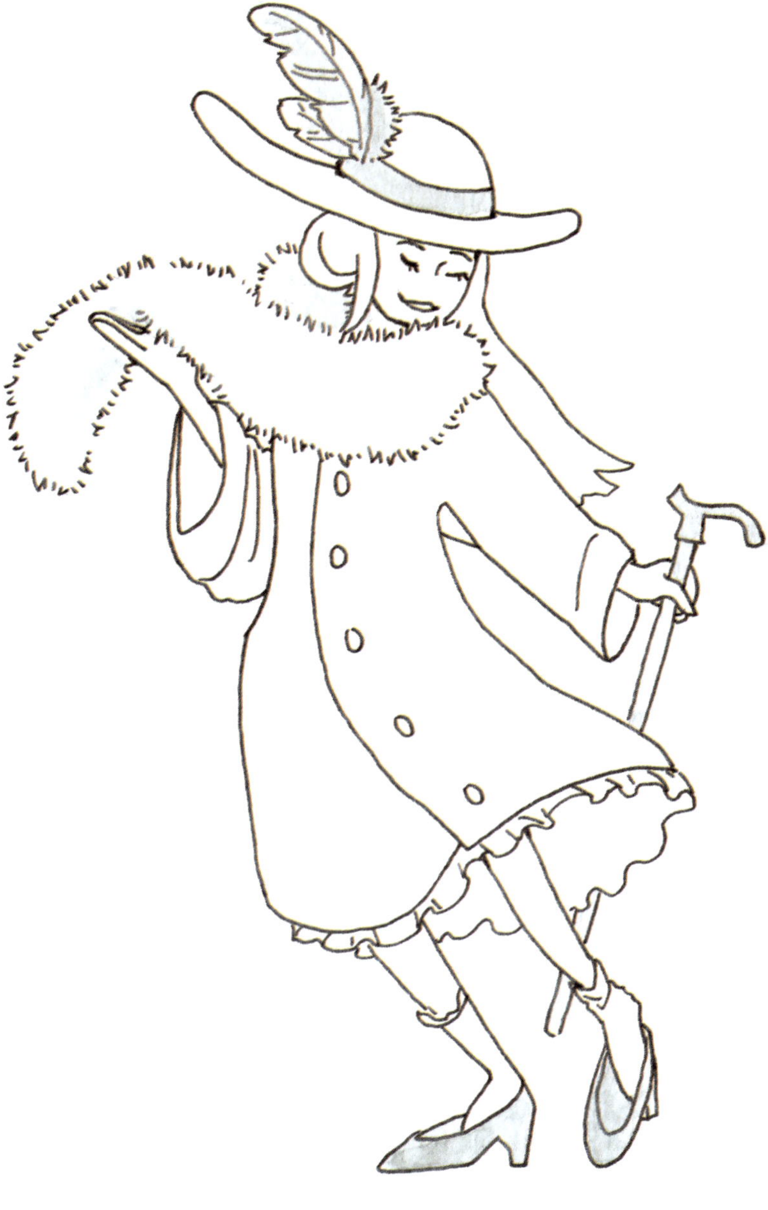

A jovem e a senhora

Visto desejos de outra época
no meu corpo frágil pela idade.

Passeio pela rua como em '76,
mas dessa vez não estou nua.

Eu visto.
Visto pensamentos, ações, diretrizes.

Como uma roupa sob medida,
acomodo-me nesses meus devaneios.

Ninguém pode me despir,
o tempo fez de minha roupa uma armadura.

Eu não sei ainda muito bem a diferença
entre a senhora e a menina
além da roupa que as cobre.

E a jovem ainda virará senhora
para costurar suas próprias verdades.

E a senhora ainda ensinará a jovem
a viver pelos anos.

Quem sabe um dia
eu ainda encontre o limite
entre antigo e moderno,
E me prenda a essa linha.
Uma jovem bem vestida!

Anjo caído

O anjo cai.
Suas asas repousam sobre a calçada
e queimam-se os pecados,
pois faz sol,
muito sol.

Agora que o anjo caiu
as nuvens se dissipam
e uma estrela nasce em magnífica explosão.

Os olhos que um dia
nos julgaram
estão sendo julgados
em pleno tribunal
dos que são feitos de carne.

As mãos que modelaram
montanhas
estão presas em
cordas.

Os amores
despedaçados.
Quebrado o encanto do cupido.

Não há mais você e eu.
Há o eu, o você, o anjo e o juiz.

Há o eu e o você prontos
para vivermos separados.
Pois o anjo que nos juntou, caiu.

Eu o acuso, anjo caído,
de roubar meu amor!
Você é o culpado por jurar nos fazer eternos.
Mas nós acabamos e o infinito não.

Sei que a cor não volta
num mundo preto e branco.
E se metade do meu mundo
entristeceu,
talvez a outra metade esteja procurando
por uma gota de vermelho
nos corações.

Você, anjo, perdeu mais do que suas asas naquele dia.

Tempo, tempo, tempo

Nunca te perdoarei,
oh, tempo,
por me definhar vigorosamente ao decorrer de minha vida.

Quem lhe deu o direito de ser assim,
tão incompreensível?

Fez de minhas lembranças breves filmes de emoção.
Fez de meus choros um Nilo.
Fez de meus sorrisos fotos guardadas em uma velha gaveta.
Fez de minha alegria facadas no coração.

Por quê?
Oh, tempo!

Tiraste meus belos cabelos cor de carvão.
Tiraste minhas curvas,
eram lhe vulgares?
Por que tiraste minha altura divina?
Para me provocar,
seria?

Por quê?
Oh, tempo!

Deu-me pessoas para amar.
Deu-me dinheiro para gastar.
Deu-me tempo para viciar.

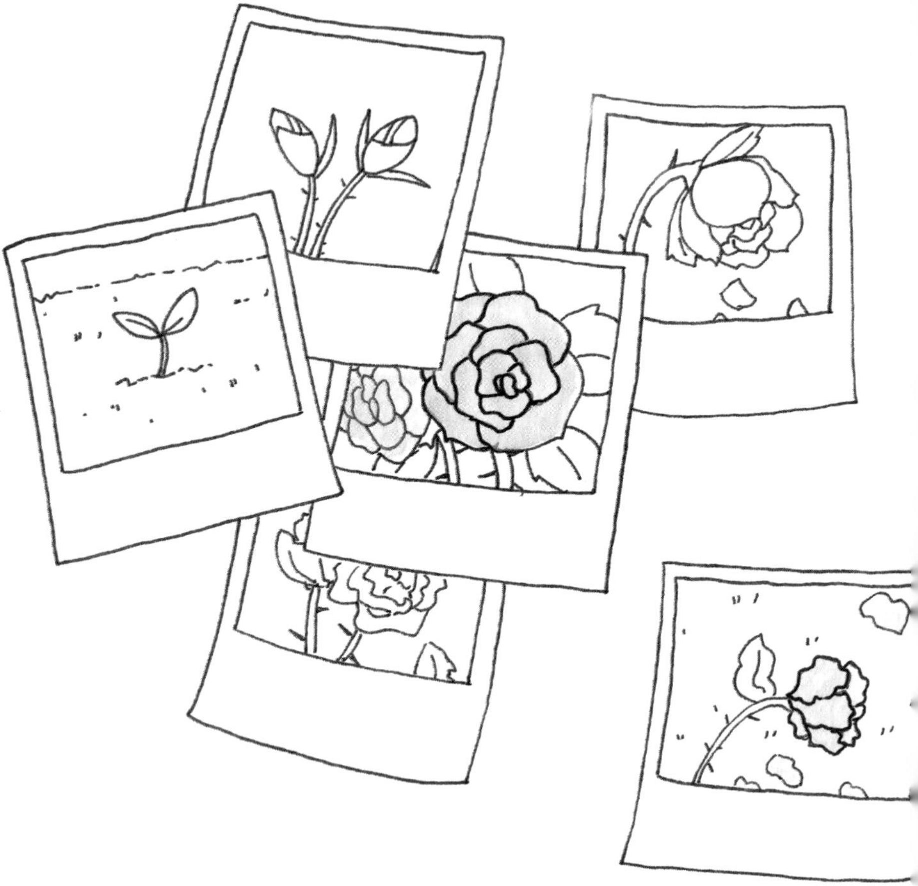

Me viciar na vida.
Na vida inconcebível a um mortal,
uma vida eterna.
Mas não era.

Por quê?
Oh, tempo!

O relógio havia de me provocar com seus ritmos,
tic-tac, tic-tac, tic-tac.
Pare!
Um dia decidi quebrá-lo.

Desfazer o tempo não foi uma má ideia.
Com suas engrenagens velhas,
cor de ferrugem,
construí um mundo.

Um mundo onde não há tempo.
Nem relógios.

Um mundo onde você não poderia me tocar
nunca mais!

Por quê?
Oh, tempo!

Você decidiu me substituir?
Achei que me amava...
Não peça perdão!
O seu tempo já acabou.

Concomitância

E para que necessita sentido,
se o que busca é emoção?

Um quadro sem razão
me seria mais completo
que o desenho de um objeto
concreto.

As linhas da vida
são abstratas,
senão não seria vida,
mas destino.

A tinta escorre pelo corpo
a procura da essência humana.

A tinta atinge os olhos.
Já lhe disseram
que os olhos são a janela para a alma?

Pinto minhas palavras
como quem entrega o corpo
para o abismo.

Mergulho na queda por inteiro,
mas o corpo não basta.
A vontade de cair,
sobressai a matéria física
para o plano astral.

E nesse instante,
nossas almas se interligam em abstrata companhia.

Despedida

A solidão traz alucinações tão fortes que nos perdemos entre a
fantasia e a realidade.
Agarre-se ao pedaço de mundo que é só seu,
mas mergulhe com todo o corpo no oceano.
Acredite, há vida em todo lugar.
Você nunca se sentirá só

ponto não final

Este livro foi compoto na tipologia Din Regular em corpo 10/14 e impresso pela Gráfica Eskenazi em papel off-set 90g/m² e a capa em papel cartão tríplex 250g/m².

www.facebook.com/GryphusEditora/
twitter.com/gryphuseditora
www.bloggryphus.blogspot.com
www.gryphus.com.br